广西全民阅读书系

广西全民阅读书系

大地之子黄大年

吴晶　陈聪　著

覃小恬　绘

小学版

广西出版传媒集团　广西科学技术出版社

图书在版编目（CIP）数据

大地之子黄大年 / 吴晶，陈聪著；覃小恬绘．-- 南宁：广西科学技术出版社，2025．4．-- ISBN 978-7-5551-2421-4

Ⅰ．K826．14-49

中国国家版本馆 CIP 数据核字第 2025VY4164 号

DADI ZHI ZI HUANG DANIAN
大地之子黄大年

总 策 划　利来友

监　　制　黄敏娴　赖铭洪
责任编辑　罗　风
责任校对　方振发
装帧设计　李彦媛　黄妙婕　杨若媛　梁　良
责任印制　陆　弟

出 版 人　岑　刚
出　　版　广西科学技术出版社
　　　　　广西南宁市东葛路 66 号　邮政编码 530023
发行电话　0771-5842790
印　　装　广西民族印刷包装集团有限公司
开　　本　710mm × 1030mm　1/16
印　　张　3.25
字　　数　47 千字
版次印次　2025 年 4 月第 1 版　2025 年 4 月第 1 次印刷
书　　号　ISBN 978-7-5551-2421-4
定　　价　19.80 元

人的生命相对历史的长河不过是短暂的一现，随波逐流只能是枉自一生，若能做一朵小小的浪花，奔腾呼啸加入献身者的滚滚洪流中，推动历史向前发展，我觉得这才是一生中最值得骄傲和自豪的事情。

——摘自 1988 年黄大年的入党志愿书

在浩渺的宇宙中，我们脚下的地球是人类赖以生存的家园。由于人口膨胀、环境恶化等诸多因素的影响，地球已经频频拉响资源枯竭的警报。但实际上，地层深部的丰富资源就像一个巨大的宝藏，等待着人类的开发利用。

地球的资源埋藏在从地表到地下1万米的空间内，这是地球母亲赋予我们的宝藏。这些宝藏既包含宝贵的能源，也包含贵重的矿藏，世界各国都十分重视对这些宝藏的开发利用。而研究如何开发这些宝藏的人被称为地球物理学家。

可是，地球的“皮肤”，也就是我们所说的地表，实在是太厚了，要想弄清楚地底下藏着什么，不是一件容易的事。全世界的地球物理学家想尽了各种办法，想要挖出一条通道。迄今为止，最先进的勘探设备能开采的深度在2500米至4000米之间，相当于给地球“掏掏耳洞”。

我国的陆地总面积约960万平方千米，蕴藏的宝藏十分可观，可是我国的地球物理探测水平与美国、英国等一些发达国家相比还比较落后。为了尽快把我们的“家底”摸清楚，我国的科学家们付出了非常艰辛的努力。

在外国不向我们传授经验、不让我们购买和使用他们的先进设备的情况下，我国的地球物理学家夜以继日地进行科研攻关，终于在一些核心技术领域取得了突破性进展，令很多国外同行刮目相看。

在这些科学家当中，有一位非常优秀的领军人物，他的名字叫黄大年。

黄大年于1958年8月28日出生在广西南宁市，他的父母都是地质学校的教师。在他很小的时候，父母就给他讲述钱学森、李四光等爱国科学家的故事。在黄大年心中，这些科学家都是大英雄。他幼小的心灵里，早早播下了一颗成才报国的种子。

黄大年的童年是快乐的。在广西地矿局地质大院的树荫下，他常常一边画着漫画，一边绘声绘色地给同学们讲故事。可是，在他8岁的时候，“文化大革命”开始了，黄大年的家庭受到冲击，他跟着下放到农村的父母来到山区小学就读。上了初中，他又被送到远离父母的地方读书。

虽然日子过得很辛苦，但是这个安静的少年却比同龄的孩子更加勤奋懂事。如果老师说“只有一个同学考试得了满分”，同学们就知道“不用问了，又是黄大年”。

高中毕业时，黄大年从几百人中脱颖而出，成为一名航空物探操作员。

航空物探工作十分危险。有一次飞机发生故障，一个同事牺牲了，黄大年的额头也留下了疤痕。可是，这个乐观顽强的年轻人却无所畏惧，他对大地深处的好奇越来越强烈。他真想掀开眼前的大山，潜入脚下的河底，看一看地下究竟藏着什么。

“文化大革命”持续了10年之久。社会动荡不安、秩序混乱，学校都停课了，很多人荒废了学业。当国家恢复高考的消息传来，黄大年奋力拼搏，以超出录取线80多分的好成绩如愿以偿考入了他心目中的学术殿堂——长春地质学院（2000年并入吉林大学）。

570万人参加高考，只有27万人被录取。黄大年是幸运的，他十分珍惜这样一个重新上学的机会，恨不得把所有的时间都用来学习。他更加坚定了自己的梦想——做一名优秀的地球物理学家，把地球变成“透明的”！

在校期间，黄大年品学兼优，是全校仅有的 10 个“三好标兵”之一。毕业后，他放弃了到北京、上海等地工作的机会，主动申请留在学校当老师。在给同学的毕业赠言中，他郑重写道：“振兴中华，乃我辈之责。”

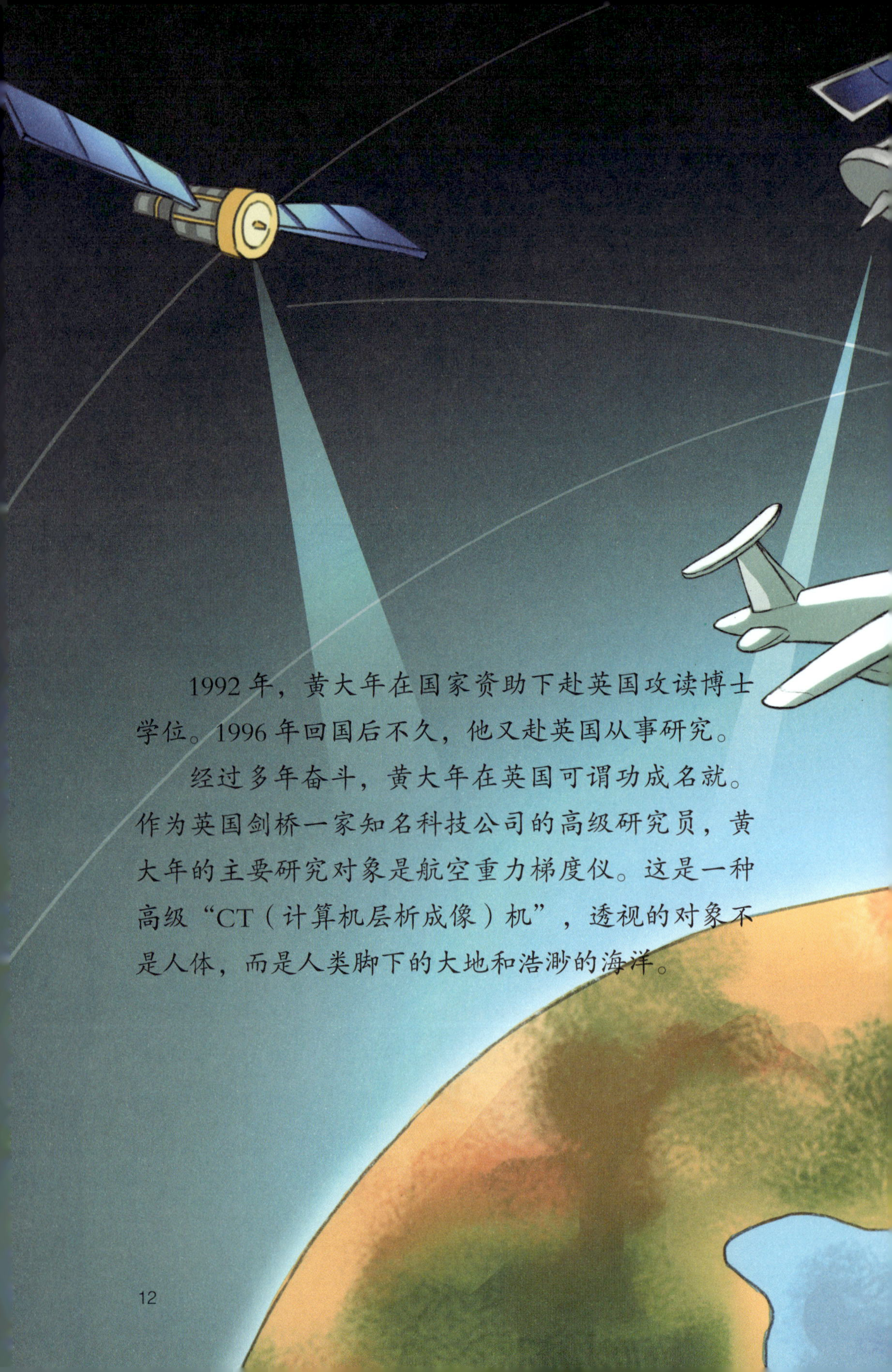

1992 年，黄大年在国家资助下赴英国攻读博士学位。1996 年回国后不久，他又赴英国从事研究。

经过多年奋斗，黄大年在英国可谓功成名就。作为英国剑桥一家知名科技公司的高级研究员，黄大年的主要研究对象是航空重力梯度仪。这是一种高级“CT（计算机层析成像）机”，透视的对象不是人体，而是人类脚下的大地和浩渺的海洋。

黄大年的手下有一个国际顶尖的科学家团队。他们可以运用飞机、舰船等快速移动装备，对海洋和陆地复杂环境下的地球深部进行穿透式精确探测。这种核心技术不仅可以用于油气和矿产资源勘探，也可用于潜艇攻防和穿透侦察。

在英国工作期间，黄大年不仅事业有成，家庭也十分和美。他的妻子张艳开办了两家诊所，女儿黄潇学业顺利。每到节假日，他们家的花园洋房里常常高朋满座，传出阵阵欢声笑语。

2009 年，一个来自中国的消息打破了黄大年一家平静的生活。中国启动了海外高层次人才引进计划，吸引海外高端人才回国干事创业。黄大年的母校吉林大学向他发来邀请，希望他回到长春工作。

原本，吉林大学只是试探性地给黄大年发去邮件，可没想到，黄大年很快就回复说：“多数人选择落叶时归根，但作为高端科技人员应该在果实累累的时候回去更好，而我现在正是最有价值的时候，应该带着经验、技术、想法和追求回去，实现报国梦想。”

很快，黄大年打算回国的消息传开了。

英国公司的负责人劝黄大年："你已经是研发部的主任了，放弃这个职位会很可惜。"

"谢谢！我回到中国还会继续这些研究。"黄大年说。

"你如果从这里离开，必须承诺不使用这里的研究成果，否则公司有权追究你的责任，这点你清楚吗？"英国公司的负责人问。

“我非常清楚，我会签署保密协议，终生恪守我的承诺。”黄大年注视着他，目光坚定。

“你为什么非要离开？”英国公司的负责人追问道。

黄大年斩钉截铁地答道：“只有一个理由，就是我的祖国更需要我。”

就这样，黄大年毅然放弃了公司股份，匆匆处理了部分家当，把女儿留在英国继续读书，同妻子一道回到阔别已久的祖国。

回国不久，黄大年就应邀主持一个重大科研课题——高精度航空重力测量技术。早在20世纪90年代，美国、英国等发达国家已使用这项技术进行军事防御和资源勘探。有人把这项技术称为“地球重力武器”。

没有谁比黄大年更清楚，因为国外长期的技术封锁，中国想要在这一领域取得零的突破，将会异常艰难。

很少有人知道，航空重力梯度仪还承载着黄大年心中一个永远的痛。

那是2004年3月，北大西洋海底，黄大年正在专心做着实验。突然，有人通知他，有家属来电话。

“大年！你还好吧？估计我们见不到最后一面了。”万里之遥，父亲的声音缓慢而虚弱。

老人突然病重，家人几番辗转，终于联系上了黄大年。

“儿子，我理解你的处境……你要记住，你可以不为父母尽孝，但不能不为国家尽忠，别忘了，你是有祖国的人！”

“我们可以破例上浮，送你去见你父亲最后一面，但是你所从事的实验计划不得不中断。”舰长得知情况后，看着双手紧紧攥住话筒的黄大年，略带动容地说。

那时，航空重力梯度仪研发技术是仅有少数几个国家掌握的军事技术，黄大年参与的实验，是要将这项核心技术转化为可以服务大众的民用技术。因为这次实验十分关键，如果不是黄大年的英国导师极力推荐，外方绝不会让一个中国科学家参与其中。如果因为黄大年的原因潜艇上浮，这项实验有可能就会中断，中国和其他很多国家就可能要等待更长时间才能接触到这项核心技术。

黄大年始终没有忘记养育他长大的故土，也没有忘记派遣他出国留学的祖国，更没有忘记他的祖国还没有研发航空重力梯度仪的技术。

“我不能放弃。放弃，就意味着前功尽弃。”黄大年最终拒绝了舰长提出的潜艇上浮的建议。

他噙着泪，把嘴唇咬出了血，坚持做完了实验。半个月过后，潜艇着陆，他立刻奔回老家，在父亲的坟前长跪不起。

两年后，悲伤的故事又一次发生。

在大洋彼岸的万米高空，黄大年正在进行航空重力梯度仪的技术研究，弥留之际的妈妈打来电话：“大年啊，你在国外工作，一定要好好照顾自己，早点儿回来，给我们国家做点儿事情……”

“哥啊！妈妈一直心疼你，你这辈子总是离家太远。她在临终前还嘱咐我和妹妹千万不要怪你。”在妈妈的坟前，听着弟弟黄大文的诉说，黄大年抱头痛哭。

两位老人不约而同，在生命的最后时刻，为儿子上了让他终生铭记的一课——要为国家作贡献。

牢记父母的嘱托，黄大年回国后一头扎进了实验室。为了研制搭载航空重力梯度仪的无人机，他和团队的师生在学校找了一块空地，顶风冒雪，花了几个月的时间搭建机库。

机库建成第二天，出事了。

“这是违章建筑，必须拆！”有人开着卡车就要动手。

原来，由于团队成员不清楚审批程序，只给学校打了报告，没有履行相关手续，结果机库被相关部门认定为违章建筑。

“不能拆！我们打过报告的。”黄大年眼看着卡车就要开到机库的门口，情急之下他一边大喊着，一边快跑两步，一下子躺倒在卡车前面。

学生们也跟着黄大年纷纷躺下。所有人都惊呆了，这可是世界级的大科学家呀……

事情传开了，有人说黄大年就是个“疯子”。他丝毫不在意，说道：“中国要由大国变成强国，需要有一批‘科研疯子’，这其中能有我，余愿足矣！”

这个“科研疯子”同时参与了十余个重大科研项目。其中最重要的，是中国有史以来规模最大的“深部探测技术与实验研究专项”（又称“地球深部探测专项”）。

这个项目集中了国内118家机构1600多位科学家和技术专家，黄大年牵头负责其中的第九分项“深部探测关键仪器装备研制与实验”项目。

如果说“高精度航空重力测量技术”项目就像在飞机、舰船、卫星等移动平台上安装“透视眼”，看穿地下深埋的矿藏和潜伏的目标，那么“深部探测关键仪器装备研制与实验”项目就是研制给地球做“CT”和“MRI”（磁共振成像）检查的仪器装备，让地下两千米甚至更深处都变“透明”。

这两个项目如果能并驾齐驱，祖国的深部探测事业将不可限量。一想到这些，黄大年就有使不完的劲。他恨不能把自己的生命熔铸成一把钥匙，为祖国打开大地深处的宝藏之门。

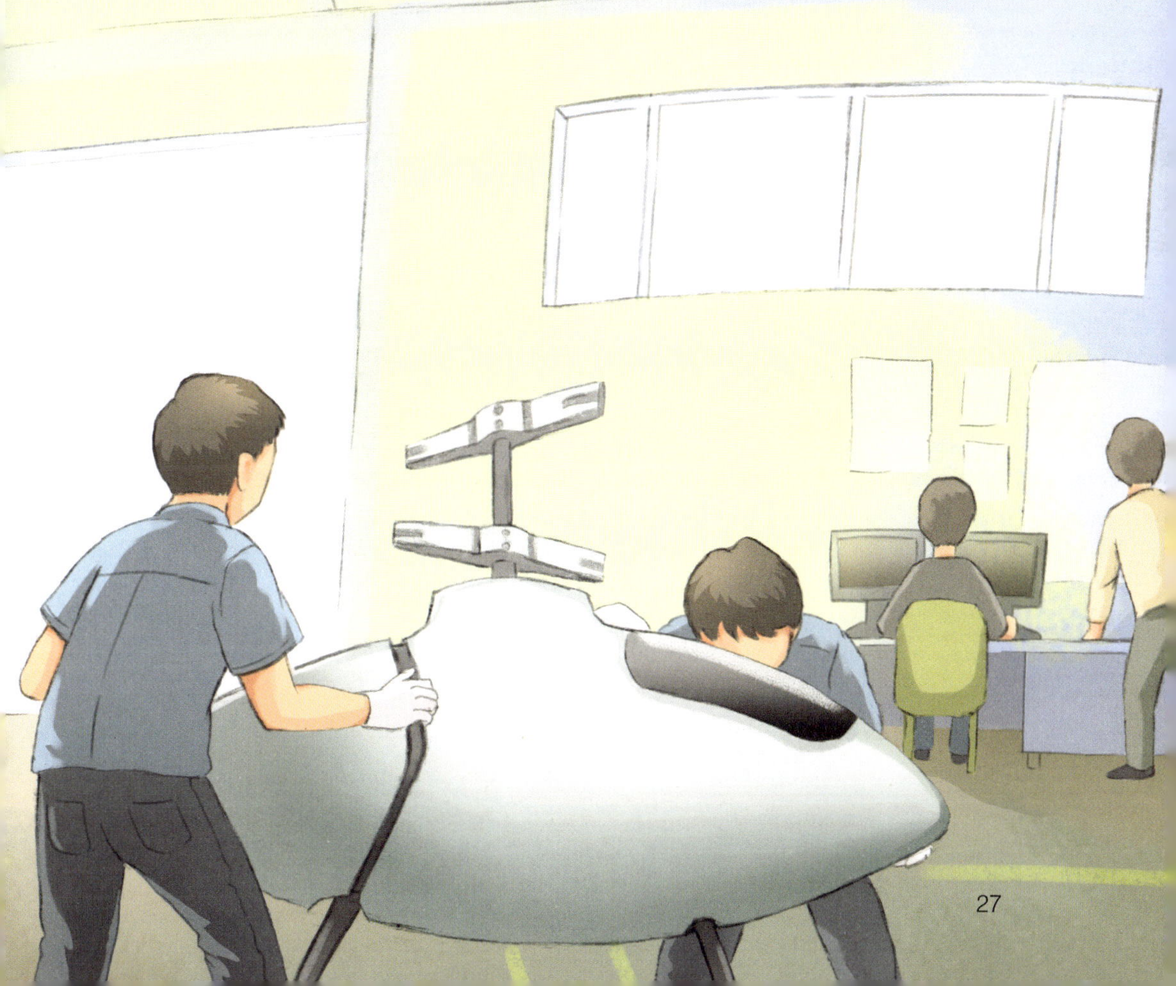

渐渐地，黄大年多了一个外号——“拼命黄郎”。白天他要开会、洽谈、辅导学生，到了晚上别人都休息了，他就坐午夜航班去出差。即使在飞机上，他还在写研究报告。

黄大年的办公室内，一张巨大的日程表覆盖整面墙壁，一直延伸到天花板。回国 7 年，他有三分之一的时间都在出差。

不出差的时候，黄大年的一天大多是这样度过的：

早上，来到办公室，他倒上一大杯黑咖啡，啃上两片面包，就把头埋在小山似的资料中。

中午，同事们去食堂，他盯着电脑喊一声：“两个烤苞米。”苞米带回来早就凉了、硬了，可他总是吃得津津有味。没有烤苞米的时候，黄大年就从书包里掏出两片皱巴巴的面包，再就上一杯黑咖啡。

下午，来自校内外科研机构的专家学者在办公室门口排起长队找他请教。他都不厌其烦，耐心接待。

傍晚时分，如果教学楼的走廊里传来又急又重的脚步声，学生们就知道，是黄老师来了。他会一间一间屋子走过去，挨个询问大家吃没吃晚饭、课题作业中有没有问题。

黄大年在笔记本电脑里，给每个学生都建了学习笔记和读书报告文件夹。不出差的时候，他会到实验室，挨个询问每个人近期学了什么、想了什么、遇到什么困难。出差时，他就在机场、车站和开会间隙通过邮件查改作业，或者开视频会议在线答疑。

学生们每写一份研究报告，每个文字、每个标点，黄大年都要反复琢磨，逐个推敲。学生们做的PPT（演示文稿），从配图到解说，他都要精心指点，出差途中想到什么也会立刻发过去。

有一次，有学生把一个科学术语的字母大小写拼错了，黄大年提出要修改，那个学生嘟囔了句“其实业内人士都能明白”，结果黄大年严厉地批评道：“大小写区别很大，会导致多重理解，科学容不得半点儿马虎，更不能有丝毫懒惰。”

有人劝黄大年：“带学生差不多就行了，用不着管那么细。”可他却认真地说：“我们的国家太需要人才。现在多用点儿心，他们中就有可能出大师、出诺贝尔奖。”

学生们觉得，黄大年是天底下最忙也最操心的老师。他就像一只陀螺，不停地转着。为了提神，他像喝水一样喝着黑咖啡，甚至会在冬天开窗放进冷空气让自己清醒。

有一天，在连续工作两个通宵后，黄大年突然晕倒了。他醒来后，往嘴里塞了一把药，又爬了起来，继续加班。

同事们劝他去体检，他总是抽不出时间。就是在这样高强度的工作节奏推进下，黄大年带领 400 多名科学家创造了多项“中国第一”，为我国“巡天探地潜海”填补了多项技术空白。

以黄大年负责的“深部探测关键仪器装备研制与实验”项目结题为标志，中国“深部探测技术与实验研究专项”5年的成绩超过了过去50年，深部探测能力已达到国际一流水平，局部处于国际领先地位。

被国外一直垄断的设备终于换上了“中国芯”！中国成为继俄罗斯、德国后，世界上第三个掌握地下万米大陆科学钻探技术的国家。

可是，谁也没有想到，病魔正在悄然靠近。黄大年的身体最后一次拉响警报，是在出差的飞机上。

2016 年 11 月 29 日，黄大年像往常一样，坐夜班飞机去开会。由于废寝忘食地工作，他这一天都没吃什么东西，只是在上飞机前喝了一瓶冰可乐。

黄大年上了飞机不久，突然感觉身体不适，头晕目眩，一下子晕倒在飞机上。下了飞机，已经是凌晨 2 点，黄大年被紧急送往医院。他当时已经昏迷，但是手里还紧紧抱着一台随身携带的笔记本电脑。

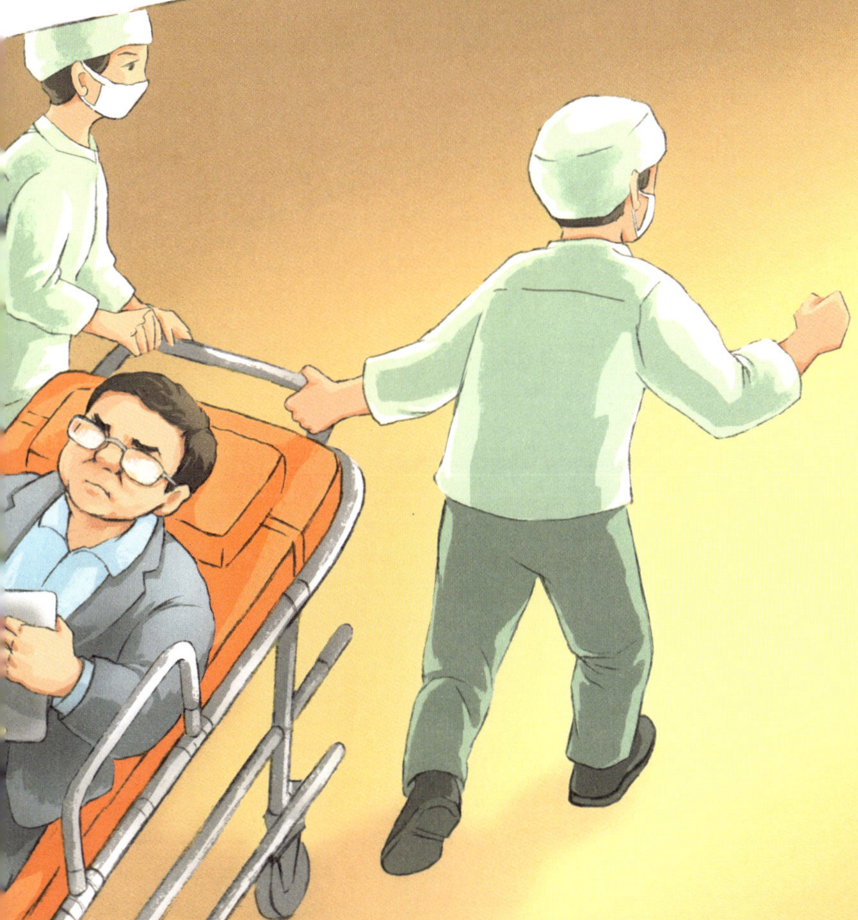

黄大年醒来后做的第一件事，就是查看电脑还在不在。看见电脑还在，他长出了一口气，跟旁边的工作人员说："我可能快不行了。如果我不行了，一定要把电脑交给国家，里面的研究资料很重要……"

这台电脑，在黄大年眼中，比他自己的命还重要。这台电脑里装的，都是他回国后呕心沥血的研究精华。

在同事的一再催促下，黄大年到医院做了详细检查，检查结果竟然是疑似胆管肿瘤。

黄大年的身体原本是非常健康的。他兴趣爱好广泛，喜欢体育运动，尤其擅长游泳。可是，从英国回到祖国后，他没日没夜地出差、加班，经常一天工作十几个小时，直到临终前不久，身体发出多次预警之后，才得知自己患上了癌症。

黄大年很快住院并进行了手术。不幸的是，他出现了严重的术后并发症。

2017 年 1 月 8 日，由于过度劳累、身患重病，黄大年不幸去世，年仅 58 岁。

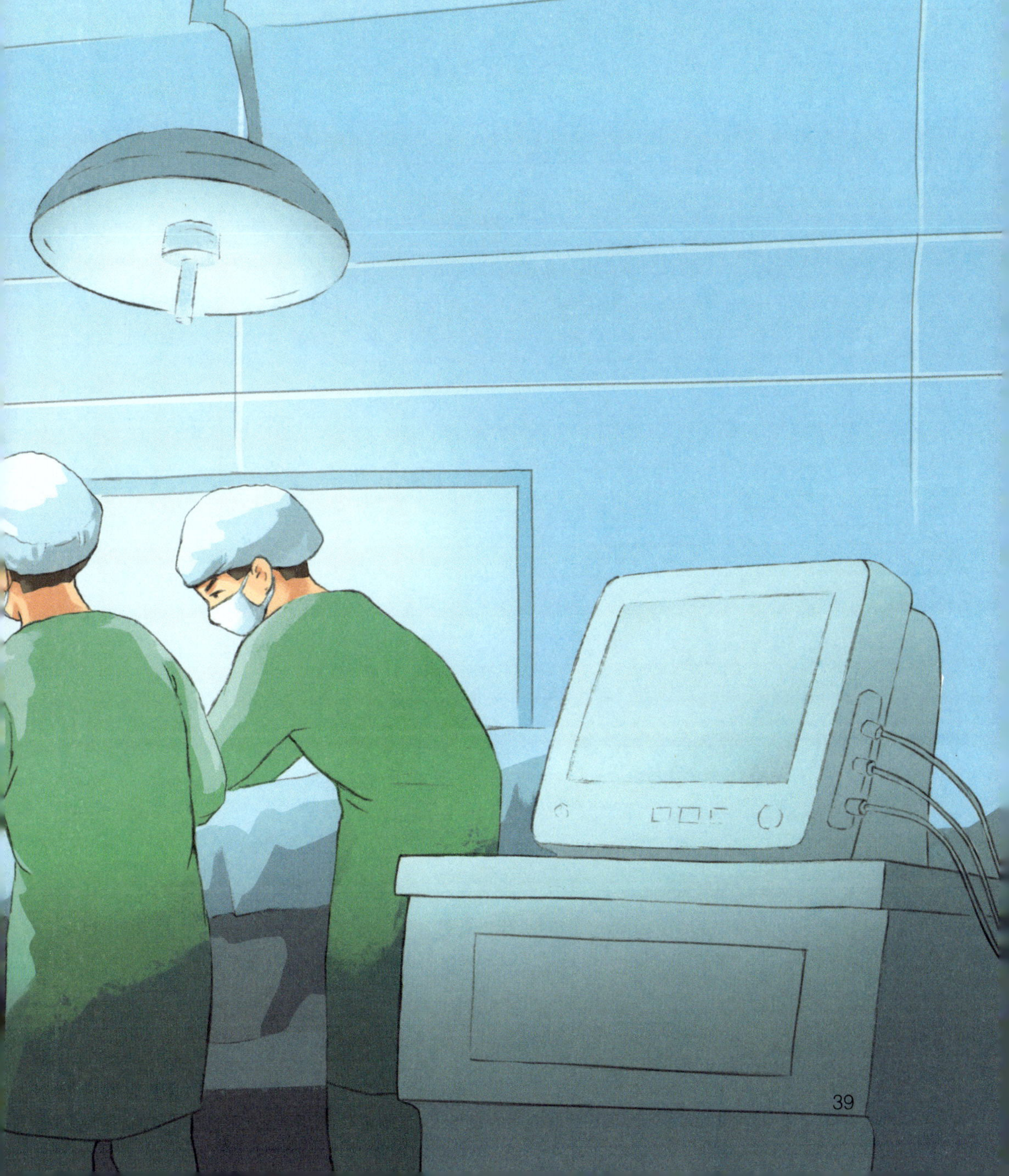

在回国后的7年时间里，黄大年像陀螺一样旋转着，他的生命却也一点一点地被病魔所吞噬。无论是在通宵加班的办公室，还是天南海北的“狂人”日程，甚至是在生命的最后时刻，毕业时赠予同学的那句“振兴中华，乃我辈之责”，始终支撑着他不断地向前沿科技的“无人区”挺进。

得益于黄大年作为首席专家参与的“高精度航空重力测量技术”项目所取得的进展，我国地球勘探项目的数据获取能力和精度与国际的研发速度差距至少缩短了 10 年，而在算法上，则达到了国际先进水平。

国际学界发出惊叹：中国正式进入“深地时代”！

在这个跨越背后，就是黄大年这样的“科研疯子”。

黄大年去世后，先后被追授“全国优秀共产党员”“时代楷模”“人民教育家”等荣誉称号。

黄大年“心有大我，至诚报国”的故事也慢慢传播开来，无数网友在纪念他的文章下面留言：“泪奔”“国家脊梁”“国士无双”“抱歉以这样的方式认识您”……

黄大年曾说：“我的归宿在中国，回国对我来说，就是落叶归根。”

在很多人眼中，黄大年仿佛一棵伟岸的大树。他伸展浓浓绿荫，献出累累硕果，撒下缤纷落叶，将枝头的最后一抹亮色和生命的最后一丝养分，都献给了脚下的大地，献给了他热爱的祖国母亲。

人们会永远记住他——大地之子黄大年。

延伸阅读

注释

航空物探：“航空地球物理探测”的简称，指利用航空器（如飞机）携带的探测仪器和设备，从空中测量地球各种物理场（如磁场、重力场、导电性等）的变化，以进行地质构造调查并寻找矿藏的飞行作业。

航空重力梯度仪：一项战略尖端技术。这项技术就像在飞机上安装“透视眼”，可以透视出地表下几百米深度内一辆卡车大小的目标。它不受地形限制，一天就可以高质量地完成传统方法几个月的工作量。

深部探测关键仪器装备研制与实验：研制给地球做“CT”和“MRI”的仪器装备。这种仪器装备可以让地下 2 千米甚至更深处都变得“透明”。

中国地球深部探测

人类通过打钻直接探测的地下深度仅有 12 千米，相比 6378 千米的地球赤道半径，人类对地球深部的认识仍很肤浅。因此，科学家就要研究如何运用先进的仪器设备给地球做“CT”，“切开”地球的地壳和上地幔，取得横切片和纵切片。

进行地球深部探测的原因很多，而首要的原因就是国家资源保障问题。数据显示，2012 年，我国进口原油 2.85 亿吨，对外依存度达 58.7%，已经超过 50% 的能源预警线。随着地表或浅层矿产被发现的概率越来越小，资源勘查走向深部成为必然。

在 2009 年 4 月 22 日，第 40 个“世界地球日”当天，由国土资源部（现改为自然资源部）组织实施的“深部探测技术与实验研究专项”正式启动，标志着我国地球深部探测的“入地”计划拉开序幕。

黄大年所参与的“深部探测关键仪器装备研制与实验”就是“深部探测技术与实验研究专项”的第九个项目。目前，这一项目5年的成绩超过了过去50年，我国深部探测能力已达到国际一流水平，局部处于国际领先地位。

黄大年同志先进事迹教育基地

2017年11月16日，黄大年同志先进事迹教育基地揭牌仪式在黄大年曾就读的广西南宁市园湖路小学举行。基地主要由一间陈列室和一条科技长廊组成。陈列室通过57件实物和137幅图片展示了黄大年同志生平简介、成长历程、生前用品、科研成果等内容，旨在引导广大师生、党员干部、群众进一步弘扬黄大年精神，传承爱国情怀，不忘初心，牢记使命，为实现中华民族伟大复兴的中国梦不懈奋斗。

黄大年心有大我、至诚报国的精神激励着园湖路小学的全体师生。多年来，园湖路小学组织全体师生开展了向黄大年学习的各类活动。在以“弘扬大年精神，做闪亮园湖人”为主题的党员会、课堂教学竞赛、师生晨会、主题中队会、大年故事会、大年儿童剧中，师生们走近黄大年，感受着他心怀祖国、无私奉献的大爱，并用实际行动践行大年精神。

随着建设的不断推进，黄大年同志先进事迹教育基地逐渐发挥辐射作用，成为广大党员干部、群众践行社会主义核心价值观的重要阵地。

黄大年同志先进事迹广播连续剧

《缠树青藤赤子心》，由中共贵港市委宣传部、广西广播电视台、广西新华书店集团贵港市新华书店有限公司联合出品。

媒体对黄大年先进事迹的部分报道

《习近平对黄大年同志先进事迹作出重要指示》，《新闻联播》，中央电视台，2017 年 5 月 25 日。

《刘云山会见黄大年同志先进事迹报告团》，《新闻联播》，中央电视台，2017 年 7 月 3 日。

《焦点访谈》，中央电视台，2017 年 5 月 26 日。